Auf dem Weg zur Krippe

WOLFGANG TRIPP (HG.)

Auf dem Weg zur Krippe

Mit Bildern von Sieger Köder

SCHWABENVERLAG

VERLAGSGRUPPE PATMOS

PATMOS
ESCHBACH
GRÜNEWALD
THORBECKE
SCHWABEN

Die Verlagsgruppe
mit Sinn für das Leben

FSC
www.fsc.org
MIX
Papier aus verantwortungsvollen Quellen
FSC® C028513

Für die Schwabenverlag AG ist Nachhaltigkeit ein wichtiger Maßstab ihres Handelns. Wir achten daher auf den Einsatz umweltschonender Ressourcen und Materialien.

www.schwabenverlag-online.de

Gestaltung: Finken & Bumiller, Stuttgart
Umschlagabbildung: © Sieger Köder,
Ein Stern geht auf in Jakob. Kinderdorf Ellwangen. Ausschnitt aus dem Wandbild „Weihnachten in Greccio“
Druck: Neue Süddeutsche Verlagsdruckerei, Ulm
Hergestellt in Deutschland
ISBN 978-3-7966-1688-4

Inhalt

Einführung

Wer ankommen will, muss aufbrechen und losgehen. Er muss sich auf den Weg machen, der beides verbindet: das Woher und das Wohin, den Ausgangspunkt und das Ziel.

Advent ist eine große Be-Weg-ung. Es ist die Geschichte eines Weges. Gott macht sich auf den Weg und er hat nur ein Ziel: den Menschen. Durch und mit einem Menschen kommt er an sein Ziel, das schon in seinem schöpferischen Wort „es werde“ angekündigt ist. Und als es geschehen war, sah Gott, dass es sehr gut war, was er damit auf den Weg gebracht hatte.

Es begann eine be-weg-te Geschichte, die von den Propheten immer neu gedeutet, in Erinnerung gerufen, mahnend und ermutigend angesagt werden musste, damit die Menschen sie nicht vergessen würden.

Gottes Bewegung aus seinem Himmel auf die Erde und in die Herzen, ins Fleisch und Blut der Menschen, hat diese selber in Bewegung gebracht. Sie sind aufgebrochen, um zu suchen und zu finden, was ihnen verheißen und versprochen war.

Advent – Gottes und der Menschen Wege kreuzen sich. Gott kommt dem Menschen entgegen und er lässt sich finden in der Krippe in Betlehem von denen, die ihr „Mir geschehe“, „Lasst uns aufbrechen“ und ihr „Wo ist der neugeborene König?“ auf den Weg gebracht hatte. Sie durften staunend erfahren, dass er mit seinem Sohn, dem Menschen-Bruder Jesus von Nazaret, einen neuen Himmel und eine neue Erde, eine neue Schöpfung heraufgeführt hat und er uns Menschen einlädt, diesem Wort zu vertrauen und ihm zu glauben, dieser „Sternenbotschaft“ zu folgen.

Sie ist die frohe Kunde, dass in aller Not und Bedrängnis, in allem Leiden und in aller Dunkelheit Trostlosigkeit sich in Hoffnung verwandelt. Sie ist die große Hoffnung, dass auf Erden Friede wird. Mitten unter uns. Die Sehnsucht nach Gott ist an ihr Ziel gekommen.

17 Weggeschichten mit Bildern von Sieger Köder laden ein, den Weg zur Krippe betrachtend, betend und singend zu gehen, in ihnen meinen Weg zu entdecken und dann neu bestärkt zu erfahren, „dass alles so geschehen ist, wie es uns gesagt worden war“.

WOLFGANG TRIPP

Auf dem Weg zur Krippe

Advent – Gottes und der Menschen Weg-Kreuzungen

„Er kam in sein Eigentum ... und hat unter uns gewohnt“ JOH 1,11A.14A.
„Kommt, wir gehen nach Betlehem, um das Ereignis zu sehen, das uns der Herr verkünden ließ“ LK 2,15B.

Wer ankommen will, muss aufbrechen und losgehen. Ankommen hat einen Ausgangspunkt und eine Zielbestimmung. Dazwischen liegt der Weg, der beide verbindet. Er erzählt vom Woher und Wohin.

Advent ist die Geschichte von Gottes Weg aus seinem Gottsein hin zur Vollendung all dessen, was bis jetzt über ihn gesagt wurde: Er werde einst in seiner ganzen Herrlichkeit ankommen bei seinem Volk. Er werde in sein Eigentum kommen und Wohnung bei den Menschen nehmen. Der biblische Gott ist ein Gott des Weges, des Unterwegsseins, ein Gott in Bewegung, der sich selber bewegt und bewegen lässt. Nicht allein für sich und um seinetwillen, sondern im Mit-gehen, Mit-fühlen, Mit-leben, Mit-leiden und Mit-Sterben. Er ist ein mit-gehender Gott, der es nicht bei sich selber aushält, sondern der sich denen zuwendet, denen er sich versprochen hat: den Menschen. Deshalb will er dort ankommen und dort wohnen, dort zuhause und daheim sein, wo die Menschen sind: in der Welt. Er gerät so sehr in Bewegung, dass er sich einmischt in die Menschheitsgeschichte des Einzelnen und der vielen, dass er sich künftig dort finden lässt, wo der Mensch geboren wird, lebt und stirbt: „Dich wahren Gott ich finde in meinem Fleisch und Blut.“ Das Ziel seines Weges erreicht Gott im Menschen und durch einen Menschen kommt er an sein Ziel.

Und in diese göttliche Bewegung bringt Gott den Menschen in seiner Suche nach Heil und Heilung, nach Frieden, Versöhnung und Gerechtigkeit selber auf den Weg. Es ist ein Weg mit Fragen und Zweifeln, mit ungläubigem Staunen und banger Hoffnung, mit inneren Kämpfen und schwachem Vertrauen. Wo dieser Gott-mit-uns, der Ich-bin-da-Gott ankommt, da erschrickt der Besuchte und Heim-Gesuchte: Wie soll das geschehen? Da fürchtet sich der Betroffene und will aussteigen aus dieser Begegnungsgeschichte. Da wird der Mensch geblendet und weiß nicht, wie er deuten soll, dass ein fremdes Licht seine Dunkelheiten erhellt. Und doch drängt es ihn, alles stehen und liegen zu lassen und sich auf den Weg zu machen, um dieses Ereignis zu sehen und zu finden, das so unglaublich und menschenunmöglich daherkommt.

Der im Menschen Jesus von Nazaret beim Menschen angekommene Gott wird von nun an den Menschen mitnehmen auf den unterschiedlichsten Lebens-Wegen. „Kommt, folgt mir nach!“, wird er sie herausrufen aus ihrem bisherigen Leben. Und auf die Frage „Wohin?“ „Wo wohnst du?“ wird er ihnen sagen: „Kommt und seht!“ Er wird ihnen Wege zeigen, die aus der Dunkelheit ins Licht führen, aus der Schuld in die Befreiung, aus dem Unheil ins Heil, aus der Verlassenheit in die versöhnte Gemeinschaft. Er wird sie mitnehmen auf seinem Weg von seinem Vater zu ihrem Vater, von seinem Gott zu ihrem Gott. Sie sollen ankommen bei dem, der zuerst bei ihnen angekommen ist. Und: „Den Weg dorthin kennt ihr“, wird er ihnen zusprechen und ihnen die Angst und Sorge vor der Zukunft nehmen. Und wenn sie dann erstaunt fragen: Woher sollen wir ihn kennen?, wird er auf sich verweisen: „Ich bin der Weg und die Wahrheit eures Lebens.“

Die Wege kreuzen sich: der Weg Gottes – „er ist auf Erden kommen arm, dass er unser sich erbarm“ – und der Weg des Menschen: „Ich lag in tiefster Todesnacht, du warest meine Sonne.“

Im Zusammenkommen und Aufeinandertreffen dieser Wege geschieht mitten im alltäglichen Leben wie vom Himmel her dieses Wunder: „Alles war so, wie es ihnen gesagt worden war.“ Mögen auch wir dann einstimmen: Gott sei Lob, Ehr und Preis.

weg-gedanken

aus deinem himmel
kommst du
auf unsere erde

aus deiner ewigkeit
kommst du
in unsere zeit

aus deinem licht
kommst du
in unsere dunkelheit

advent
maranatha
komm herr jesus

auf meinen wegen
bist du bei mir
als unser weg

in meinem suchen und
fragen
bist du bei mir
als wort des lebens

in meinem hoffen und
bangen
bist du bei mir
als trost und heil

advent
maranatha
komm herr jesus

WOLFGANG TRIPP

Wer seinen Weg weiß, kann gehen

Wer das Leben als Weg versteht, ist leichter unterwegs. Das ist das Geheimnis, in das der Advent uns einführt. Der Weg Gottes, ein Weg zum erfüllten Leben. Die Sehnsucht danach gehört zum Menschen selbst. Je bedrängender das Leben erfahren wird, umso stärker ist sie. Ganz unten sind sie, die die wüsten Erfahrungen kennen. Ihre Kleider so rot wie die umgebende Wüste. Einer hat sich zu ihnen gesellt. Bei ihm grünt es schon. Wo das Leben grünt, da wächst das Lob von selbst. Die anderen müssen im roten Wüstensand erst das Neue finden: das Hören, das Sehen. Und das Springen erst recht.

Manche der eigenen Erfahrungen würde man gerne überspringen. Und die Lebenskrücken einfach nicht mehr brauchen. Grenzen im Herzen und in der Welt, damit man selbst bestehen kann. Leistung, die mehr als Herr im Hause ist. Angst, zu kurz zu kommen. Sehnsuchtserfüllt einfach Luftsprünge machen. Das wärs. Und die Krücken, die lernen fliegen. Weisen in den Himmel.

Gottes Weg zieht uns mit sich. Mit unseren Erwartungen an das Leben zieht das Bild uns mit. Mit unseren Erfahrungen und unserer Sehnsucht nach erfülltem Leben. Der Prophet Jesaja wagt gerade dazu etwas zu sagen:

„Saget den verzagten Herzen: Seid getrost, fürchtet euch nicht! Seht, da ist euer Gott!“ JES 35,4

Gott kommt als Weg. Er ist das hilfsbedürftige Kind in der Krippe. Von da aus geht sein Weg. Als der Weggefährte in allen erfüllten und enttäuschten Erwartungen. Ein Leben, das verwandelt wird. Wie wenn Wasser in der Wüste aus dem Sand bricht. Die Wasserfontänen sind Springbrunnen. Mit Kraft und Frische.

Für manche ist es die Weglosigkeit, die sie ins Wanken bringt. Der neue Schub der Multiplen Sklerose bringt den sicheren Gang endgültig ins Wanken. Und die junge Frau fragt sich: Wie soll ich denn damit leben? Oder die lähmenden, stumm machenden Lebenserfahrungen. Langzeitarbeitslos und kein Weg in die Arbeit in Sicht.

Der quer zum Bild Springende ist mitten auf dem Weg. Als ob er manch eingefahrene Gedanken durchkreuzen will. Seine Arme sind so ausgebreitet. Wie am Kreuz oder beim Segen. Beides gehört auf den Weg. Der sich auf den Horizont ausrichtet, den wir nicht in uns finden. „Seht, da ist euer Gott!“ Dorthin führt der Weg. In die Weite Gottes selbst. Die Quellen in der Wüste werden zu Quellen des Wassers „das in das ewige Leben quillt“ (Joh 4,14). Gott setzt sich dem Weg des Lebens selbst aus. In Jesus ist alles, was wir erfahren, mit Gott selbst verbunden.

Der Springende hat sein Gesicht ganz zugewandt. Nach oben. Es hängt von dem ab, wo wir unsere Augen haben. Natürlich macht nicht nur Liebe blind, man kann auch blind vor Angst sein. Oder wie gelähmt oder verstummt. Oder wie eine vertrocknete Wüste. Und auch beim Kind in der Krippe hängt es davon ab, ob wir genau hinsehen. Wenn Gott selbst hilflos sein kann, dann ist jede Bedürftigkeit auch seine. So ist er der Heiland. Und so wird der menschgewordene Gott selbst zum Weg.

Du der Weg, Du in der Krippe.
Ausgesetzt den Mächten, von Anfang bis Ende.
Nah denen, die sich fürchten.
Vor morgen, vor dem Scheitern, vor der Absage.
Weil sie nicht genug sind.
Sondern weil ihr Leben anders ist.
Anders begonnen, anders verlaufen,
weil sie sich verlaufen haben.

Du der Weg, Du in der Krippe.
Verstanden hast Du das Leben, auf Deine Weise.
Nicht im Sinne der Weisen und Mächtigen.
Aber viele haben Dich verstanden und verstehen Dich.
Als den, der den Lebensweg annimmt.
Und mitträgt. Mut macht.
Lebendiges Wasser bist Du,
für die trockenen Seelen.

Du der Weg, Du in der Krippe.
Gottes Weg ins Leben.
Für uns, für neues Sehen und Hören.
Damit wir springen, aus Freude.
Oder aus Zorn, weil manches so wehtut.
Berühre uns mit dem Horizont Deiner Liebe.
Komm, Herr Jesus, Du Krippenkind.
Sei Du uns Weg, Wahrheit, Leben.

DIETER KAUFMANN

Seht, ich mache alles neu

„Er, der auf dem Thron saß, sprach: Seht, ich mache alles neu. Und er sagte: Schreib es auf, denn diese Worte sind zuverlässig und wahr. Er sagte zu mir: Sie sind in Erfüllung gegangen. Ich bin das Alpha und das Omega, der Anfang und das Ende. Wer durstig ist, den werde ich umsonst aus der Quelle trinken lassen, aus der das Wasser des Lebens strömt. Wer siegt, wird dies als Anteil erhalten: Ich werde sein Gott sein und er wird mein Sohn sein“ OFFB 21,5–7.

Die ganze Schöpfung ist in das Bild einbezogen: Rosen, Trauben, Ähren, der Schmetterling, der unter anderem ein Symbol für die Auferstehung ist. Ein Paar, Mutter und Vater, mit einem kleinen Kind auf dem Arm wird von der aufblühenden Natur geradezu umrankt. Adam und Eva – das erste Paar – in ihrer Nacktheit sind sie ein Symbol ihrer ursprünglichen Geschöpflichkeit. Und mit ihrem Kind an der stillenden Brust der Mutter weisen sie darauf hin, dass die Schöpfung nicht ein einmaliger abgeschlossener Akt ist: Schöpfung geschieht. Sie wird getragen von einer riesigen Hand. Und über dem Paar mit dem Kind sind zwei Hände geöffnet, wie wenn sie von oben aus in die Schöpfung hineingestellt würden.

Die ganze Schöpfung ist betroffen durch das Neue, das mit einem Menschenkind in die Welt kommt. Es kommt nicht aus der Schöpfung selber, ist nicht von der Welt gemacht und aus ihr herausgewachsen, sondern ein anderer, Gott selber, hat buchstäblich seine Hände im Spiel.

Johannes verweist in seiner Offenbarung auf dieses Neue, das aus Gott kommt und das „schafft“:

Siehe, ich mache alles neu. Das „Ich“, die Herkunft des Neuen, ist der schöpferische Gott, der seinen Sohn in die Welt schickt: ein Menschen-Kind, der Gottes-Sohn. Mit ihm fängt die Neuschöpfung an und in ihm vollendet sie sich. Indem der Künstler die ganze Schöpfung mit einbezieht und das Geschehen in eine Weltkugel einfügt, drückt er die Bedeutung dieses Kindes Jesus für die ganze Schöpfung aus.

Das Geheimnis des Neuen, das in der Vision des Johannes angesagt wird, ist durch das Kind auf dem Arm der Frau schon angesagt und Wirklichkeit geworden. Und in Jesus wird sichtbar werden, dass diese Worte der Offenbarung „in Erfüllung" gegangen sind. Die Evangelien werden sagen: Das Reich Gottes und seine Herrschaft sind in der Welt erschienen. Deshalb stimmen auch die Kennzeichen, die sie für ihren Beginn wählen, überein: Tränen werden abgewischt, keine Trauer, keine Klage, keine Mühsal werden mehr sein. Das Zentrum dieser Botschaft ist das Kind, Jesus von Nazaret. Führt der Weg zur Krippe über das Staunen gegenüber der Schöpfung?

Gott, eine große Botschaft hast du für uns parat: die Neugestaltung der ganzen Schöpfung. Durch ein kleines hilfloses Kind soll das geschehen, durch einen kleinen Menschen wie wir, aber gleichzeitig göttlichen Ursprungs. Auch wenn das unsere Vorstellungskraft übersteigt, wollen wir deiner Botschaft trauen.
Wir sind froh und dankbar, dass die große Veränderung von dir ausgeht, dass wir die neue Schöpfung nicht selber machen müssen, sondern dass sie das Werk deiner Hände ist. Das nimmt Druck von uns; denn oft genug fühlen wir uns hilflos gegenüber vielem, was in deiner Schöpfung derzeit schief läuft. Gewalt, Ungerechtigkeit, Terror, Krieg und Naturkatastrophen überfordern uns. Deine Botschaft der Neuschaffung lässt uns jedoch hoffen.
Obwohl die Kraft der Veränderung von dir ausgeht, wissen wir, dass wir nicht unbeteiligt sind. Darum bitten wir dich:
Hilf uns, dass dieses Kind in unserer kleinen alltäglichen

Welt geboren werden kann. Schenk uns deinen Geist, damit Neuschaffung in uns selbst beginnen kann. Stärke und ermutige uns, wenn wieder einmal Verzagtheit und Hilflosigkeit um sich greifen. Gib uns den Mut zu kleinen Schritten und bewahre uns vor Resignation. Vermehre in uns Geduld und Gelassenheit, in der Erwartung deiner Ankunft nicht nachzulassen.
Öffne uns die Augen für die kleinen Neuschöpfungen, die jetzt schon beginnen, auch wenn die große Erfüllung noch aussteht, die wir erwarten durch deinen Sohn Jesus Christus.

JOSEF BIRK

Schau in den Himmel hinauf

Und immer wieder: Gott macht einen Anfang. Und auch immer wieder: Seine Botschaft geht an den Menschen. Die Voraussetzung: Der Mensch ist da, präsent, wach, offen, wie Abraham.

So steht er da: Abraham, der Mann, der herausgerufen wurde, weg von seiner Heimat, seiner Sicherheit. Er mag reich gewesen sein, doch seine Hände sind leer. Nichts wird festgehalten vom Vergangenen, die Zukunft ist auch nicht fassbar. Er hat zwar große Herden, aber keinen Sohn, keinen Nachkommen.

Was ihn auszeichnet, ist seine Haltung. Als aufrechter Mensch steht er auf brauner Erde. Seine offenen Hände haben die gleiche Farbe – der „Erdling“, aus Lehm geformt, erinnert an Adam, den Menschen als Teil der Schöpfung, gleichförmig und doch herausragend. Sein grünes Gewand ist Zeichen von Leben, Lebendigkeit, Fruchtbarkeit, Hoffnung.

Abraham steht und schaut in die Nacht, eine Nacht, die eine Botschaft für ihn hat. Umhüllt mit dem Gebetsschal des Glaubenden sucht er Gott, Jahwe, den „Da-seienden“. Abraham kann zwar zupacken und losgehen, in diesem Moment jedoch scheint er zeitlos. Warten und hoffen, hören und glauben. Um ihn herum leuchtende Sterne und ein großes Licht, überwältigend. Es meint ihn, trifft ihn.

„Sieh doch zum Himmel hinauf und zähle die Sterne, wenn du sie zählen kannst … so zahlreich werden deine Nachkommen sein“ GEN 15,5.

„Die Nacht von Hebron“ – so hat Sieger Köder das Bild überschrieben.

Die Nacht – eine Zeitabfolge die wir kennen. Zeit, die zwischen den Tagen liegt, Zeit zum Ruhen, Schlafen, Kraft schöpfen … Die Nacht

– ein inneres Erleben, Suchen, Ungewissheit, Zweifel und Angst, Ohnmacht … Die Nacht der Seele – Gottferne, Sinnfrage, aber auch: Einbruch Gottes in mein Dasein, nicht machbar, messbar, aber da – wie ein kleiner Funke inmitten des Dunkels, ein Lichtschein in aller Fragwürdigkeit.

„Schau in den Himmel hinauf, zähle die Sterne" – mit Abraham auf dem Weg zur Krippe, das bedeutet einen langen Weg beginnen, aber auch ein Wagnis eingehen: aufbrechen und loslassen; trauen und vertrauen; horchen und gehorchen; Neuland begehen und den Blick zu den Sternen nicht verlieren; Zukunft erahnen.

Im Blick auf Abraham vereinen sich Menschen und Religionen. Juden, Christen, Moslems – sie alle haben einen Bezug zu diesem Mann aus Ur. Vielleicht müssen wir wie er hinaustreten in die Nacht, als nichtwissende „Erdlinge" den Blick zum Himmel erheben, um die Botschaft zu hören, die wir so sehr ersehnen: Frieden, Gerechtigkeit, Menschlichkeit.

Mitten in der Nacht leuchtende Sterne, die Botschaft vom Neubeginn des Lebens, die Erfahrung von Schalom. Vielleicht müssen wir die Sterne zählen, um zu erkennen, wer wir sind und wer Gott ist. Gott hat den Menschen nicht vergessen. Gottes Erbarmen schenkt sich Menschen mit offenen Herzen, mit leeren Händen, mit vertrauendem Blick. Immer neu.

Du Gott Abrahams, Isaaks und Jakobs,
du Vater unseres Herrn Jesus Christus,
du Vater des Erbarmens und Gott allen Trostes,
schau auf uns.
Mach uns offen für deine Verheißung.
Hilf uns, die Wirklichkeit anzunehmen.
Dein Wort an Abraham wurde Wirklichkeit,
Nachkommen, so zahlreich wie die Sterne am Himmel.

Dein Wort wurde Mensch in Jesus.
Er hat uns gezeigt, wie sehr du uns liebst.
Er hat uns die Würde unseres eigenen Menschseins
deutlich gemacht
und deine Geschichte mit uns.
Er hat sich auf Abraham berufen:
„Euer Vater Abraham jubelte, weil er meinen Tag sehen sollte.
Er sah ihn und freute sich“ JOH 8,56.

Erfülle uns mit Dankbarkeit für unser Menschsein.
Lass uns Kraft und Zuversicht schöpfen aus der Tatsache,
dass du Gott Mensch wurdest,
dein Leben mit uns teilst.
Dann sind wir geborgen in der Nacht.
Dann strahlen auch uns die Sterne der Verheißung,
dann stimmen wir ein in das Lob der Engel:
Ehre sei Gott in der Höhe und Friede auf Erden
den Menschen seiner Gnade.
Friede, den wir ersehnen.
Friede, den du schenkst.
Friede, den wir einander ermöglichen,
der in uns beginnt und keinen ausschließt.

SR. PAULIN LINK

Die beiden Hände Gottes

„Kann denn eine Frau ihr Kindlein vergessen, eine Mutter ihren leiblichen Sohn? Und selbst wenn sie ihn vergessen würde: ich vergesse dich nicht. Sieh her: Ich habe dich eingezeichnet in meine Hände, deine Mauern habe ich immer vor Augen“ JES 49,15–16.

Dieses Bild zu dem Prophetenwort Jesaja 49,15–16 drückt Bedrohung, Einsamkeit, Angst, aber auch Ruhe, Geborgenheit, Hoffnung aus. Den Hauptteil des Bildausschnitts aus dem Rosenberger Altar zeigt eine menschliche Hand, die den ganzen oberen Bildraum ausfüllt. Die Farben changieren zwischen Dunkel und Licht. In der Mitte des Handtellers, wie Handlinien, ist das Bild einer Frau eingezeichnet, die mit mütterlicher Geste schützend und bergend ein kleines Kind umfängt. Wie ein alles umfassendes Milieu wirkt diese Hand. Davor, in helleren Farben, eine Figurengruppe: eine jüngere, mit Kopftuch verhüllte Frau – vom Betrachter her gesehen am linken Rand; rechts ein alter Mensch, mit zerfurchtem Gesicht. Links unten zwei Kinder, ein Mädchen und ein Junge. Sie halten eine Taube in der Hand und betrachten sie zärtlich. Sehnsucht und Verheißung eines umfassenden Friedens. Und in der Mitte eine Mutter, die einen Säugling mit ihren Armen und mit ihrem Schleier wie mit einem Schutzmantel umhüllt. Sie scheint auf ihr Kind und zugleich in eine geheimnisvolle Tiefe zu schauen – wie die lebendige Verkörperung der in die große Hand eingezeichneten Mutter.

Im Vordergrund der Altartafel, von der hier nur ein Ausschnitt zu sehen ist, steht ein Mann, der klagend die Gottverlassenheit seines Volkes Israel hinausschreit. Und dann Gottes wunderbare Antwort: „Kann denn eine Frau ihr Kind vergessen, eine Mutter ihren eigenen Sohn? Und selbst, wenn sie ihr Kind vergessen würde: ich vergesse dich nicht.

Sieh her: ich habe dich eingezeichnet in meine Hände." Treue, unverbrüchliche Liebe zu den Menschen: das sind die Handlinien Gottes, die Merkmale seiner Identität. Er ist der „Ich bin da".

Gottes Hand bleibt freilich oft rätselhaft und dunkel. Sie umfängt und schützt die Menschen, aber sie ist im Rücken. Wir sehen sie nicht. Um zu vertrauen, bedarf es einer Gabe des Sehens, die nicht in dem gefangen bleibt, was wir als Realität erleben. Es bedarf eines Glaubens, der die Tiefe zu ertragen bereit ist. Es bedarf einer Hoffnung, die sich im Blick nach vorne nicht beirren lässt. Es bedarf der Haltung der Kinder.

Vertrauen heißt aber auch, das für uns unauflöslich Zwiespältige an Gottes Handeln auszuhalten. Pierre Teilhard de Chardin, der große Mystiker, spricht in seinem Buch „Das Göttliche Milieu" (1926/1927) von den „beiden Händen Gottes": von der Hand, die uns wachsen lässt, die uns Leben und Zukunft schenkt, uns auch einer Zukunft aussetzt, die wir nicht kennen; und auch von der Hand Gottes, die Leiden, Angst, Sterben bereit hält. „Alles ist anbetungswürdig", sagt Teilhard immer wieder. In allem leben wir in Gottes bergender Gegenwart.

DU
dein und mein Gott, unser Gott,
Mutter und Vater, Schwester und Bruder.
Licht, das hell machen kann, wärmen und blenden.
Nacht, die uns umfängt, ängstigend und bergend.

DU
Gott im Rücken,
wir sehen dich nicht und doch bist du da.
Du sendest uns, hin zu den Menschen,
auf Wegen, die oft von dir wegzuführen scheinen
und doch zu dir hinführen.

DU
Gott vor uns,
Zukunft, Ungewissheit, Wagnis, Chance, Hoffnung,
dunkles und helles Geheimnis.

DU
Gott unseres Lebens,
in Höhen und Tiefen, im Wachsen und Abnehmen,
im Leiden und im Glück.

DU
dessen Namen sind: Treue, Liebe, Freiheit –
„Ich-bin-da".

THOMAS BROCH

Dem gewaltsamen Tod trotzt das Leben

Schnell erkennt der Betrachter des Bildes die biblische Anspielung aus dem Buch des Propheten Jesaja:

„Doch aus dem Baumstumpf Isais wächst ein Reis hervor, ein junger Trieb aus seinen Wurzeln bringt Frucht“ JES 11,1.

Der geschichtliche Hintergrund für den Text ist die Zerstörung des Königreichs Juda (mit der Hauptstadt Jersusalem) im Jahr 587 vor Christus. Mit dem Ende des Reiches geht auch das Königtum Davids zu Ende. Der Baumstumpf Isais (Isai war der Vater von David) steht für die gewaltsam beendete Königsdynastie, aber auch für das Ende des Reiches Juda und das Ende des Jerusalemer Tempels. Das Gottvertrauen Israels war zutiefst erschüttert. In dieser Situation macht der prophetische Text Hoffnung: Gott lässt einen neuen Trieb hervorbrechen, der trotz des gewaltsamen Endes wieder Leben bringt. Auf ihm sammelt sich die göttliche Geistkraft und erfüllt ihn mit allem, was Gerechtigkeit und Weisheit ausmacht:

„Der Geist des Herrn lässt sich nieder auf ihm: der Geist der Weisheit und der Einsicht, der Geist des Rates und der Stärke, der Geist der Erkenntnis und der Gottesfurcht“ JES 11,2.

Der abgehauene Baumstumpf, wie ihn Sieger Köder gemalt hat, erinnert an geöffnete Hände, in die Licht aus der Höhe herabfällt. Sie strecken sich dem Licht entgegen. Aus dem Baumstumpf wächst eine Rose hervor. Das intensive Rot der geschlossenen Knospe wirft ein anderes Licht auf den toten Baumstumpf. Er erstrahlt rot und sein gewaltsames Ende bekommt eine andere Farbe und damit eine andere Bedeutung. Das Licht aus der Höhe hat aus dem zerstörten Baum, aus dem Rest, der noch übrig geblieben ist, neues Leben hervortreiben lassen.

Der Kontrast von hell und dunkel, das einfallende Licht in die Dunkelheit, erinnert an die Lesung der Heiligen Nacht:

> *„Das Volk, das im Dunkel lebt, sieht ein helles Licht, über denen, die im Land der Finsternis wohnen, strahlt ein helles Licht auf"* JES 9,1.

Mit der Menschwerdung Gottes, die wir an Weihnachten feiern, bekommt jedes gewaltsame Ende eine neue Hoffnung: die Hoffnung, dass durch das Licht aus der Höhe, das Licht von Weihnachten, in jedem Ende Gott einen Neuanfang ermöglicht und Leben schafft. Es gilt die Verheißung, dass in allem Abgestorbenen und Zerstörten neues Leben möglich wird.

Gott,
häufig stehen Menschen vor
einem gewaltsamen Ende:
ein Mensch verliert seine berufliche Existenz,
eine Partnerschaft wird von einer Seite mit
einem Schlag beendet,
ein Unfall,
ein Schicksalsschlag zerstört Perspektiven und Pläne,
Tod fällt ein
mitten
ins Leben

Auf dein Licht aus der Höhe,
auf deine Geistkraft
hoffen wir,
dass sie Neues hervorbringt
und aus dem Toten und Zerstörten
Leben hervorlockt
und neues Leben treiben lässt.

BIRGIT BRONNER

Himmlische Verbindung

„Spruch Bileams, des Sohnes Bears, Spruch des Mannes mit geschlossenen Augen, Spruch dessen, der eine Vision des Allmächtigen sieht, der daliegt mit entschleierten Augen: Ich sehe ihn, aber nicht jetzt, ich erblicke ihn, aber nicht in der Nähe: Ein Stern geht in Jakob auf" NUM 24,15B – 17A.

Es ist ein unendlicher Weg von den Sternen auf die Erde und umgekehrt. Die Sterne sind in unendlicher Ferne und es gibt keine direkte Verbindung zur Erde. Nur als kleine Lichtpunkte erkennen wir sie in einer klaren Sommer- oder Winternacht. Und manchmal scheinen sie ganz nah, zum Greifen nah zu sein. Wir können nur staunen über diese Unendlichkeit über uns: dort der Himmel und die Sterne, das Weltall und die Sonnensysteme, die Galaxien und die Geheimnisse jenseits von uns. Sie haben zwar mehr und mehr ihren Zauber durch wissenschaftliche Erkenntnisse verloren. Aber es bleibt doch viel Geheimnisvolles, das da über uns leuchtet. Und wir auf unserer Erde, mit unseren Grenzen, das Diesseits unseres Lebens, irdisch und weltverhaftet. Unüberbrückbare Dimension vom Himmel zur Erde.

„Ein Stern geht auf über Jakob" – eine Mitteilung, eine Botschaft aus längst vergangener Zeit, aus dem „alten" Testament, eine Ansage, die unsere Wirklichkeit treffen und verändern soll? Eine Wegweisung von damals in unser Heute? Ein Wort in hoffnungsarmer Situation als Trost ausgesprochen soll uns heute erreichen, um uns einen Weg zu zeigen in unserer Sehnsucht nach Orientierung, Frieden und Gerechtigkeit? Und dies aus unüberbrückbarer, unendlicher Entfernung zwischen den Sternen und der Erde.

Aus dem Himmel fällt ein Licht. Keine Sternschnuppe, die kaum aufgeblitzt schon wieder erloschen ist und, so der Volksmund, bei deren Dahinhuschen man sich etwas wünschen darf, das in Erfüllung gehen soll. Keine Wunderkerze, die kaum angesteckt schon wieder kalt geworden ist. Keine künstliche Lichtquelle mit begrenzter Brennzeit. Ein Lichtstrahl wie ein Suchscheinwerfer, der punktgenau identifiziert, was er abgesucht hat. Ein Stern, der mit seinem Licht genau dort auftrifft, wo er ankommen will. Ein großes Lichtband, das das „Dort“ mit dem „Hier“ verbindet. Ein Licht-Weg, der einen Ursprung und ein Ziel, ein Woher und ein Wohin hat. Ein lebendiger Licht-Strom, der dort, wo er auftrifft, alles in ein neues Licht eintaucht, es verwandelt und erhellt.

Gottes Aufscheinen in der Welt heißt Advent. Seinen Weg spüren wir auf vom Dort ins Hier, vom Jenseits ins Diesseits unseres Lebens, aus seiner Unendlichkeit ins Heute, aus seinem Himmel auf unsere Erde. Gott und Mensch sind nicht mehr getrennt. Der Stern, der den Alten angesagt und versprochen wurde, erscheint uns Heutigen wie ein erhellendes Licht im Menschen- und Gottessohn Jesus von Nazaret. Er sagt uns, was Gott ist und was er uns sein und bleiben will: die göttlich-menschliche Verbindung in Liebe, die Leben schafft. Göttliches Licht sucht sich den Weg zur Krippe der Menschen in ihrer Endlichkeit und Gebrechlichkeit, in ihrer Sehnsucht und Schwachheit und lässt in ihnen ihre Würde erstrahlen. Und seither gibt es den Krippenweg für uns Menschen. Den alltäglichen, oft mühsamen Weg des Suchens und Hoffens nach Antwort in den Fragen nach dem Warum, Woher und Wohin im Wunsch nach Sinn und Frieden. Das Ziel dieses Krippenweges ist der, der ihn selber gegangen ist: Jesus von Nazaret aus dem Himmel in die Krippe der Welt, als Gottessohn in mein Leben als Menschenbruder, aus seinem Licht in alle Dunkelheit der Welt. Und auf meinem Weg geht mir sein Atem auf als Zuspruch und Verheißung: Licht, das uns erschien – du bist das Leben.

Gott
dein stern geht auf über uns
und bindet deinen himmel
an unsere erde

Gott
dein licht erstrahlt
und verwandelt unsere erde
durch das band deiner liebe

Gott
du erhellst unsere wege
und dein licht führt uns
zum fest der menschwerdung

Gott
lass uns und unsere Welt
lebendig bleiben unter deinem licht
damit wir menschen werden

Gott
wir stimmen ein in das große lob
das dich und deine Liebe feiert

licht, das uns erschien,
kind, vor dem wir knien
halleluja

WOLFGANG TRIPP

Verheißung und Erfüllung

„Dies alles ist geschehen, damit sich erfüllte, was der Herr durch den Propheten gesagt hat: Seht, die Jungfrau wird ein Kind empfangen, einen Sohn gebären, und man wird ihm den Namen Immanuel geben, das heißt übersetzt: Gott ist mit uns“ MT 1,22–23.

Als Lebensbaum mit einer Fülle von Gestalten und Farben ist der Stammbaum Jesu hier dargestellt. Blau- und Grüntöne verströmen und vermischen sich ineinander. Über dem erdbraunen Dunkel erstrahlt ein leuchtendes Rot. Abraham erhebt sein Gesicht nach oben und breitet seine Arme als Urvater des Glaubens weit aus. Es scheint, als wolle er alle Generationen darauf tragen und damit umarmen.

Was dem Abraham seine Verheißung war, wird über alle Generationen und Geschlechter in Marias Kind, Jesus, dem Heiland und Retter offenbar. In diesem nackten Säugling ist Gott selbst Mensch geworden, kommt er uns in seiner armen und zärtlichen Haut entgegen. Ihn hält sie hoch, damit wir uns alle von seinen offenen Armen umarmen und beschenken lassen, ihn empfangen und umfangen, um darin Segen zu erlangen und zum Segen zu werden.

Zwischen Abraham und dem Kind, das der Messias ist, hält Mose die von Jahwe empfangenen Gesetzestafeln des Bundes hoch. Zum Schutz des Lebens, damit das Miteinander der Menschen gelingt, hat Jahwe ihm die Gebote gegeben. Auf der einen Seite neben ihm erinnert der schlafende Jakob an den Traum von der Treppe, auf der Engel zwischen Himmel und Erde auf- und niedersteigen. Als er aus seinem Traum erwacht, bestätigt er, dass hier wirklich das Haus Gottes und das Tor des Himmels ist und gibt ihm den Namen Bet-El – Gotteshaus. (Gen 28,10–22a)

Auf der anderen Seite spielt König David zu seinen Liedern, den Psalmen, die Harfe, um den Gott zu besingen, der unbeirrbar treu, aber immer auch der so ganz andere bleibt. Es sind die alten Lieder von der tiefen Sehnsucht des Menschen. Es sind Jubellieder von der Herrlichkeit und Größe Gottes, aber auch Klagelieder vom Schmerz und Leiden der Menschen durch alle Zeiten. Es sind die Lieder der Kirche, die sie bis heute an vielen Orten rund um die Erde als ihren Gebetsschatz wach hält.

Zwischen Mose und Jakob zeigt Johannes der Täufer mit seinem weit ausgestreckten Arm und Zeigefinger auf den, der auch heute unerkannt mitten unter uns Menschen ist. Johannes der Täufer ist die Stimme des Rufers in der Wüste, der große Prophet des Advents zwischen dem ersten und dem zweiten Testament. Sein Auftrag als Sprachrohr Gottes ist der Aufruf zu Buße und Umkehr, zur Erneuerung der Herzen.

So wird der Stammbaum Jesu zum Lebensbaum für die, die auf ihn schauen und sich im Schauen, erinnern und verwandeln lassen.

So wird die Betrachtung dieses Bildes zur Ermutigung, den Verheißungen Gottes zu trauen und auf sein Fleisch gewordenes Wort zu bauen.

Du Gott aller Völker und Nationen, aller Geschlechter und Generationen.
Du Gott Abrahams, Isaaks, Jakobs und Davids. Du Gott Johannes des Täufers. Du Gott der Jungfrau Maria und Vater Jesu Christi. Du Gott und Vater aller Menschen, die du geschaffen. Du Gott meines Lebens, meiner Geschichte und meines Namens. Du Gott der Überraschungen, für den nichts unmöglich ist, auch wenn Menschen darüber den Kopf schütteln oder lachen.

Lass mich – wie Abraham – auf deine Verheißung mehr hören als auf meine Einwände und Bedenken, Vorbehalte und Zweifel.
Lass mich – wie Jakob – im Traum den Ort, an dem ich ruhe oder schlafe, als dein Haus, als Tor zum Himmel erkennen.
Lass mich – wie Mose – mit beiden Händen an deinem Bund der Treue festhalten und darin Halt und Inhalt für mein Leben finden.
Lass mich – wie David – deine erhabene Größe preisen, meine Not dir klagen, mein Herz bei dir ausschütten, um von dir heilende Wandlung zu erfahren.
Lass mich – wie Johannes – prophetischer Wegweiser sein, der dir den Weg bereitet, damit die Menschen dich finden und dir begegnen.
Lass mich – wie Maria – das göttliche Kind beständig vor Augen haben und alles Unverständliche und Unbegreifliche im Herzen bewahren.
Du Gott meiner Geschichte, lass mich in meine eigene Gestalt wachsen und reifen, damit ich Zeichen setze und Spuren hinterlasse, die auf dich verweisen und andere näher zu dir führen.
Lass mich durch mein Leben deine Treue und Menschenfreundlichkeit verkünden.

PAUL WEISMANTEL

Zarte Blüte des Leidens und des Mitleids

„Seht, die Jungfrau wird ein Kind empfangen, sie wird einen Sohn gebären und sie wird ihm den Namen Immanuel (Gott mit uns) geben" JES 7,14.

Erde. Ein übrig gebliebener Stumpf, auf den Kopf gestellt. Schwarze Ruinen. Irdene Gestalten. Der Mensch, von der Erde genommen und aus Lehm geformt, kann seine Herkunft nicht verbergen. Erinnerung an den Sumpf flandrischer Schlachtfelder; an den mit Napalm verbrannten Boden Vietnams; an die verwüsteten Städte und verödeten Dörfer Syriens. Der Lehm könnte golden glänzen und aus dem Boden könnte junges Grün sprossen. Könnte!

Zwei Künder. Jesaja mit der Buchrolle. Der Weihnachtsprophet. In hebräischer Sprache steht das empfangene Wort vom Kind geschrieben, das aus der Jungfrau geboren und Immanuel heißen wird. Darauf stützt er sich und hält die Hand empfänglich nach oben. Seine Augen sind geschlossenen. Auf dem Gesicht liegt ein heller Glanz. Hingegeben schaut er auf, empfänglich, freundlich, tröstlich, wissend.

Matthäus, der Evangelist. Er hat das Wort des Jesaja auf Griechisch in sein Buch geschrieben. Die mächtigen Hände ruhen auf der Schrift. Das große dunkle Auge ist auf den Propheten gerichtet, fragend, fordernd, provokant. Ist es wahr? Der junge Mann lässt den weisen Alten nicht aus dem Blick. Auf der Schrift, in der entwickelten Schriftrolle und im aufgeblätterten Buch liegt Licht. Das geschriebene Wort – Gott mit uns – ist in jeder Sprache erleuchtet.

Licht fällt von oben herab auf die Blüte, durch die Blume auf die Menschen, über Gesichter und Gewänder auf das Wort. Auf ihrem dornigen Stängel ist die Passionsblume prächtig erblüht. Passiflora incarnata, fleischgewordene Blume des Leidens, ist ihr botanischer Name.

Christliche Missionare erkannten in Pflanzen und Blüten des Maracuja-Gewächses die Zeichen des fruchtbaren Leidens Christi: In der zehnblättrigen Blüte sahen sie das Apostelkollegium versammelt, ohne den verräterischen Judas und ohne leugnenden Petrus; der meist blaue, hier aber rote innere Blütenkranz zeigt die Dornenkrone; die fünf Staubgefäße die fünf Wundmale Christi, die drei Griffel die Kreuznägel und die mitunter dornigen Ranken die Geißelschnüre.

Gott mit uns. Der zerstörerischen Gewalt, die alles und jedes dem Erdboden gleichmacht, setzt Gott die zarte Blüte des Leidens und des Mitleidens entgegen; und die Verheißung von Leben, Frieden und Glück, die mit jedem Kind neu geboren wird. Unerschütterlich ist es uns zugesprochen: Gott ist mit uns!

Immanuel

Gott mit uns, mit mir und dir, mit allen.
Gott mit den Horchenden und Schauenden,
Gott auch mit den Verschlossenen.
Gott mit den Glaubenden und Zweifelnden,
Gott auch mit den Gottlosen.
Gott mit den Wissenden und Fragenden,
und auch mit den Leugnern.

Gott mit den Gewesenen und den Kommenden,
Gott jeder Generation.
Gott mit den Lebenden und den Toten
und mit denen an der Schwelle.

Gott mit den Vertriebenen und Flüchtenden,
Gott mit allen unterwegs.
Gott mit den Verbrannten und Ertrunkenen,

Gott mit denen, die alles riskieren.
Gott mit den Vertrauten und den Fremden,
und vor allem mit den Vergessenen.

Gott mit den Hoffenden und Wartenden,
Gott auch mit den Gleichgültigen.
Gott mit allen, die geben können oder nehmen müssen,
und mit denen, die leer ausgehen.
Gott mit uns, mit mir und dir, mit allen.

ANTON SEEBERGER

Wie soll das geschehen?

„Der Engel trat bei ihr ein und sagte: Sei gegrüßt, du Begnadete, der Herr ist mit dir. Du wirst ein Kind empfangen, einen Sohn wirst du gebären: dem sollst du den Namen Jesus geben. Maria sagte zu dem Engel: Wie soll das geschehen, da ich keinen Mann erkenne?“ LK 1,28.31.34

Wie soll das geschehen?“, fragt Maria den Engel, als er ausgerechnet ihr, einer einfachen Frau, die noch keinen Mann erkannt hat, die Geburt Jesu verkündet. Wie soll das geschehen, fragen wir auch heute: Wie geht das, dass Gott in diese Welt einbricht? Wie kommt Gott zur Welt – auch heute, durch uns, durch mich in einem unspektakulären, „normalen“ Leben? Marias Frage ist auch unsere Frage: „Wie soll das geschehen?“

Wir sehen eine Maria, deren ganzer Leib von einer Haltung der Offenheit, der Sammlung und der Empfänglichkeit kündet. Eine Frau, die nicht fragt: Was muss ich jetzt tun?, sondern die mit aller Wachheit wahrnehmen und in ihr Herz hineinnehmen will, was jetzt genau in diesem Augenblick geschieht. Ihr Leib weist uns den Weg: Die leeren, nach oben offenen Hände, bereit zu empfangen und gebend zugleich; ihr Kopf, ganz hörend, den schenkenden Händen von oben zugewandt; ihre Augen – nach innen gerichtet und sehend zugleich –, auf ihrem Antlitz das Spiel von Ernsthaftigkeit und innerer Freude; ihr Körper, gebogen wie eine Wiege, und doch nach unten seltsam offen; seine Konturen verlieren sich im Dunkel ihres Schoßes. Es scheint, als ob ihr Gewand, ja ihr ganzer Leib und damit ihre ganze Person, aufreißt, buchstäblich ausfranst, um sich dann in neues blühendes Leben zu verwandeln. Diese Maria ist ganz da, gesammelt, offen, ohne dass sie angestrengt wirkt. Ihre Gestalt scheint nicht lieblich oder außergewöhnlich und kommt uns gerade deshalb so nahe. Sie lässt sich das Wunder der Gottesgeburt schenken.

Wie soll das geschehen?

Vielleicht indem wir nicht auf das außergewöhnliche Ereignis, das außergewöhnliche Gefühl oder die außergewöhnliche Tat warten, sondern indem wir uns mit liebender Aufmerksamkeit der Wirklichkeit zuwenden, so, wie sie jetzt gerade ist, in all ihrer Alltäglichkeit; und indem wir dieser Wirklichkeit und diesen Menschen, denen wir begegnen – einfachen Menschen, normalen Menschen, Menschen verschiedener Religionen und Kulturen –, zutrauen, dass Gott uns durch sie und niemanden sonst neues Leben schenken will. Christus empfängt man nicht allein!

Die Tage des Advents laden uns ein, uns in diese Haltung einzuüben. Maria streckt uns hierzu ihre Hände entgegen und will uns halten. Sie steht für die Hoffnung, dass Gott auch durch uns normale Menschen zur Welt kommen will, hier und heute.

Die entscheidende Frage lautet dann nicht mehr: Was muss ich heute tun?, sondern: Von wem werde ich heute Christus empfangen?

Sei gegrüßt,
spricht der Engel,
Du Mensch in all deiner Zerstreutheit,
in deiner Unrast
und deinem kurzen Blick.

Du bist begnadet,
spricht der Engel,
Du Mensch auf der Flucht
vor deiner Lebendigkeit,
die doch in dir wohnt von Anbeginn.

Der Herr ist mit dir,
spricht der Engel,

Du Mensch, denn durch dich und niemanden sonst,
will Gott zur Welt kommen,
hier und heute.

Wie soll das geschehen?
frage ich, die Ungeborene,
in meiner Furcht vor neuem Leben,
die mir den Atem nimmt.

Plötzlich spüre ich die Hände, die Maria mir entgegenstreckt,
sie halten sanft und fest zugleich,
wenn nun die Wehen meinen Schoß zerreißen und
und ich jubelnd empfange, Mensch zu sein.

DOROTHEE STEIOF

Trostlosigkeit wandelt sich in Hoffnung

„Nach einigen Tagen machte sich Maria auf den Weg und eilte in eine Stadt im Bergland von Judäa“ LK 1,39.

Maria durch ein Dornwald ging“: Dieses wunderschöne Marienlied weist ins späte Mittelalter zurück – in eine Zeit, als in den Gottesdiensten neben dem lateinischen Mönchsgesang deutscher Gemeindegesang aufkam. Sogenannte „Leisen“ waren es zunächst – Liedstrophen, an deren Ende immer ein „Kyrieleis‘“ stand, ein „Herr, erbarme dich“. Glaube bedeutete für die Menschen dieser Zeit vor allem einen Schrei nach Gottes Erbarmen, ein Flehen nach dem rettenden, gnädigen Gott in den Gefährdungen von Krieg, Hunger und Seuchen, in den Gewissensqualen eines Selbstbewusstsein voller Sünde und in der Angst vor ewiger Verdammnis. Leben und Glauben waren für die Menschen mühsam und dornenreich.

Das bis zum heutigen Tag viel gesungene Marienlied greift eine noch ältere mittelalterliche Bildtradition auf: „Madonna im Rosenhag“ – die Bilder von Stephan Lochner oder Martin Schongauer sind weltberühmt. Die Gottesmutter mit dem Jesuskind auf dem Arm thront vor goldenem Hintergrund inmitten eines Rosengartens, Engel huldigen ihr, sie ist in Gottes Himmel aufgenommen. Der mit Rosen umfriedete Garten, der „hortus conclusus“, ist Symbol ihrer jungfräulichen Reinheit, in der sie sich für Gottes Handeln bewahrt und bereitgehalten hat. Sie selbst ist in einer langen bildsprachlichen Tradition die „Rose ohne Dornen“.

Anders dieses Lied und anders dieses Bild. Maria ist hier nicht in himmlisches Erhaben entrückt; sie ist auf die Erde und zu den Menschen herabgeholt worden und geht mit ihnen den dornenreichen Weg durch das Gestrüpp von Leben und Leiden. Sie ist verletzlich und wird verletzt.

Der Weg der Offenheit gegenüber Gottes Handeln, das Ja zu Gottes Willen, das ihr abverlangt wird und das zu sagen sie bereit ist, ist ein Weg und ein Ja in Einsamkeit und Schmerzen. Deshalb lieben die Menschen sie. Sie ist eine Frau aus dem Volk, so wie sie. In ihr ist ihnen das göttliche Geheimnis näher als in den erhabenen Bildern und Dogmen, vor deren Goldglanz sie nur in demütiger Ehrfurcht verharren können.

Das göttliche Geheimnis ist gegenwärtig in ihr – ein Kind, schutzbedürftig und verletzlich wie sie selbst. Und doch Träger der Hoffnung. Maria ist „guter Hoffnung“, und die Hoffnung, die sie leibhaftig in sich trägt, verwandelt die Trostlosigkeit. Die Dornen tragen Rosen. Der Tod birgt Verheißung des Lebens in sich.

Freilich, die Rosen behalten ihre Dornen. Der Himmel, der alles umfängt, ist nicht golden, sondern blau, dem Hellen und dem Dunklen gleich nah. Leben und Glauben muss bestanden werden. Aber der Weg, die Rosen, das Antlitz des Menschen ist vom Licht beschienen. Der Stern des aufgehenden Morgens ist unübersehbar.

Maria durch ein Dornwald ging. Kyrieleison!
Maria durch ein Dornwald ging,
der hatte in sieben Jahrn kein Laub getragen.
Jesus und Maria.

Was trug Maria unter ihrem Herzen? Kyrieleison!
Ein kleines Kindlein ohne Schmerzen,
das trug Maria unterm Herzen.
Jesus und Maria.

Da hab'n die Dornen Rosen getragen. Kyrieleison!
Als das Kindlein durch den Wald getragen,
da haben die Dornen Rosen getragen.
Jesus und Maria.

Wie soll dem Kind sein Name sein? Kyrieleison!
Der Name, der soll Christus sein,
das war von Anfang der Name sein!
Jesus und Maria.

Was kriegt das Kind zum Patengeld? Kyrieleison!
Den Himmel und die ganze Welt,
das kriegt das Kind zum Patengeld.
Jesus und Maria.

Wer hat erlöst die Welt allein? Kyrieleison!
Das hat getan das Christkindlein,
das hat erlöst die Welt allein!
Jesus und Maria.

(um 1600)

THOMAS BROCH

Himmelsberührung

„Elisabet wurde vom Heiligen Geist erfüllt und rief mit lauter Stimme: Gesegnet bist du mehr als alle anderen Frauen und gesegnet ist die Frucht deines Leibes. Wer bin ich, dass die Mutter meines Herrn zu mir kommt?“

LK 1,41B–43.

Der Weg nach Betlehem zur Krippe geht nicht schnurstracks. Wer das meint, überfordert sich möglicherweise. Es fällt auf, dass der Weg nach Betlehem Zwischenstationen hat. Denn auf langen Strecken zum Ziel braucht es Rastorte zum Durchatmen und zur Vergewisserung, ob die Richtung des Unterwegsseins stimmt. Sonst kann es sein, dass man versehentlich zuerst einmal bei Herodes landet, wie später die Sterndeuter.

Marias erster Weg ging zu ihrer Verwandten Elisabet. Sie will sich vergewissern, ob die Verheißung, welche ihr der Engel bei der Ankündigung der Geburt Jesu gegeben hat, verlässlich ist. Eine Verheißung, der man trauen kann: das rührt auch heute an einer tiefen Sehnsucht in uns.

Hautnah darf Maria es erfahren, vom ersten Augenblick der Begegnung mit Elisabet an: Segen Gottes liegt auf Maria, denn auch Elisabet ist gesegneten Leibes. Die werdenden Mütter berühren sich Herz an Wange in inniger Zugewandtheit.

Die Begegnung der beiden Frauen ist Herzensbegegnung und Himmelsberührung in einem. Und das bei aller gegensätzlichen Vorgeschichte. Während die eine ihren Herzenswunsch nach einem Kind bereits aufgegeben hatte, kam für die andere die Ankündigung der Schwangerschaft buchstäblich wie aus heiterem Himmel. Sie musste sich ein Herz fassen, um Ja zum Anruf Gottes zu sagen. Alt und Jung teilen so die Erfahrung, dass für Gott nichts unmöglich ist.

Einer braunen, fruchtbaren Ackerscholle gleicht das Gewand der beiden Frauen, fest verbunden mit ihrer Umgebung. Es scheint beinahe, als wären sie der Erde entwachsen, auf der sie stehen. Bodenständig, fest und sicher bilden sie eine Einheit, die wie ein Uterus wirkt, in dem der Welt das neue Leben heranwächst.

Wie ein Schutzmantel umhüllt das Blau des Himmels im Hintergrund des Bildes das geerdete Braun im Vordergrund. Die Farbe der Verlässlichkeit und Treue berührt den Ton und die Tönung der Erde und öffnet den Blick nach oben.

Hier vollzieht sich – transparent und unübersehbar – bereits der große Übergang. Die beiden Söhne sind sichtbar, die schon im Mutterleib über ihre Mütter hinausgewachsen sind. Der Wegbereiter Johannes, der Prophet an der Schwelle zur Zeitenwende, und Jesus, der Zeitenwender, von dem der Evangelist Johannes sagen wird, dass er der Weg ist. Das tastende Suchen des einen trifft auf das zugeneigte Hören des anderen.

„Bist du es, der da kommen soll oder sollen wir auf einen anderen warten?“ Auf dem Weg zur Krippe nach Betlehem tut es gut, um Rastorte zum Durchatmen und zur Vergewisserung zu wissen. Sie werden uns geschenkt in der Begegnung mit anderen. Begegnung öffnet das Herz für die Berührung mit dem Himmel.

Den Himmel hast du uns
auf die Erde geholt
damit wir lernen
hineinzuwachsen in ihn
schrittweise, behutsam
auch tastend und fragend.

In jeder Begegnung
von Mensch zu Mensch
von Angesicht zu Angesicht
auf Augenhöhe
scheint er auf.

Jeder Mensch
ein Geschenk des Himmels.
Durch jeden Menschen Berührung
mit dem Geheimnis des Lebens
das wir alle
wie ein Feuerfunke deiner Liebe
in uns tragen.

Du leuchtest auf
wo wir einander
suchen, besuchen und Raum
und Heimat auf Zeit geben.

ANNA HENNERSPERGER

Und das Wort ist Fleisch geworden
und hat unter uns gewohnt und wir

Und das Wort ist Fleisch geworden

„Im Anfang war das Wort, und das Wort war bei Gott, und das Wort war Gott. Und das Wort ist Fleisch geworden und hat unter uns gewohnt, und wir haben seine Herrlichkeit gesehen, die Herrlichkeit des einzigen Sohnes vom Vater, voll Gnade und Wahrheit" JOH 1,1.14.

Andächtig stehen und staunen sie vor dem aufgeschlagenen Buch des Lebens, aus dem sie das Geheimnis der Menschwerdung im Kind in der Krippe entdecken und erkennen.

So möchte auch ich stehen und staunen können vor jedem Wort in diesem Buch, das mir neue Sichtweisen eröffnet und verborgene Quellen erschließt.

Gebannt und gespannt schauen sie auf den gemeinsamen lichtvollen Mittelpunkt, aus dem sie alles empfangen, dem sie alles verdanken.

So möchte auch ich mich bereiten, um empfangen zu können, was ich mir selbst weder sagen noch geben, wohl aber schenken lassen kann.

Erleuchtet sind sie von jenem göttlichen Licht, das Fleisch geworden ist in Jesus Christus, um unsere dunklen Tage und Nächte mit seinem Glanz zu erhellen und zu verwandeln.

So möchte auch ich mich öffnen und trösten lassen können von diesem Licht, das in meiner tiefsten Nacht erscheint, sie durchdringt und besiegt.

Seither wohnt es in uns und unter uns, sammelt und versammelt uns um sich, damit wir unseren Alltag von seinem Kraftfeld berühren und erfüllen lassen.

So möchte auch ich als Kind des Lichtes leben können, bei allen Schatten, bei allem Zwielicht, in aller Bedrängnis, die ich nicht abschütteln kann.

Im Geheimnis der immerwährenden Weihnacht erwacht das Licht des Friedens, erklingt das Lied der Freude, erblüht der Zweig der Hoffnung, erwächst der Bund der Freundschaft.

So möchte auch ich diese Freundschaft pflegen, den Kreis weit über den oft so engen Horizont hinaus ziehen, um auch Fremde dazu einzuladen.

Uns wird das Kind täglich neu ans Herz und in den Schoß gelegt, damit es darin genügend Raum als Herberge bekommt, um in uns zu wachsen und zu wirken.

So möchte auch ich Heimat haben in Gott und mir selbst, um nicht fremdbestimmt zu werden, sondern geleitet und gestärkt von seinem Geist.

Wo solche Gottesgeburt geschieht, gehen uns Blinden die Augen auf, nimmt Gott uns bei der Hand, geht Gott uns unter die Haut.

So möchte auch ich mir die Augen öffnen und mich berühren und führen lassen von Gottes Wohlgefallen und seiner Freundlichkeit.

Das Wort, das Fleisch geworden ist, bekommt in uns ein menschliches Gesicht und erneuert das Angesicht der wunden und geschundenen Erde.

So möchte auch ich jene Züge auf meinem Gesicht tragen und ausstrahlen, die eine Bereicherung und ein Segen sind für andere.

Kommt, lasst uns aufbrechen und nach Betlehem
gehen, um im Haus des Brotes das Kind zu finden,
ihm zu huldigen, ihm unsere Aufwartung zu machen,
ihm alles, ja uns selbst zu bringen und zu schenken.

Kommt, lasst uns das Kind suchen und finden,
um unsere Sehnsucht in seiner Nähe stillen zu lassen,
um bei ihm zu verweilen, uns von ihm beschenken
zu lassen mit heilenden Gaben und Gnaden.

Kommt, lasst uns lauschen dem Wort des Lebens,
um uns von ihm sagen zu lassen, worauf es ankommt,
um in diesem Wort zu wohnen und daraus neue Kraft
zu schöpfen für unsere mühsamen und langen Wege.

Kommt, lasst uns gemeinsam Gott neu trauen,
der als armes, schwaches und kleines Kind
unser Menschenleben angenommen hat, um es
mit uns zu teilen und seine Wunden zu heilen.

Kommt, lasst uns die Hände falten, um
in aller Stille anzubeten, und sie öffnen,
um von ihm zu empfangen, was allein
dieses Kind uns zu schenken vermag.

Kommt, lasst uns umkehren, einkehren
und heimkehren ins eigene wunde Herz,
um darin das Kind zärtlich zu liebkosen,
uns von ihm umarmen und segnen zu lassen.

PAUL WEISMANTEL

Mitten unter uns

„So zog auch Josef von der Stadt Nazaret in Galiläa hinauf nach Judäa in die Stadt Davids, die Betlehem heißt; denn er war aus dem Haus und Geschlecht Davids. Als sie dort waren, kam für Maria die Zeit ihrer Niederkunft, und sie gebar ihren Sohn, den Erstgeborenen. Sie wickelte ihn in Windeln und legte ihn in eine Krippe, weil in der Herberge kein Platz für sie war“ LK 2,4.6–7.

Sieger Köders Weihnachtsbild zeigt, dass Weihnachten nicht nur eine Sache des Gefühls und der Sentimentalität ist. Das Bild ergreift uns, weil es die Wirklichkeit dessen ausdrückt, was war, was ist, was sein wird. Durch die Farben atmet das Bild eine große Stille. Es lädt uns ein, die Stille zu lieben, sie zu suchen und ein Herz zu haben, das gehütet wird von der großen Stille Gottes, in der Gottes Sohn Mensch geworden ist.

Wärme, Frieden und Kraft kommen aus der zärtlichen Berührung der Mutter des Kindes. Die Liebkosungen verletzen nicht. Das Kind ist zart und verletzlich wie alle Neugeborenen. Mit seiner kleinen Hand liebkost es seine Mutter. Maria hält es behutsam. Sie ermöglicht dem Kind zu wachsen, zu leuchten und allen Hoffnung zu schenken.

Josef schaut nach oben. Still und behutsam ruht er über der Mutter und dem Kind. Der Mann unter der Szene schaut nach oben – aber mit offenen Augen auch in die Ferne, auf die drei Balken, die das Dach tragen. Seine Hand berührt den Balken, auf dem die Krippe liegt. Es ist der Balken des Kreuzes mit der Inschrift des Pilatus. Das Ende des Neugeborenen kommt in den Blick: der Tod am Kreuz. David mit dem purpurnen Königsgewand, umgeben von fünf Christrosen aus der Wurzel Jesse, sieht im Kind den „König der Juden“, der mit seinen Kreuzeswunden zum Heil aller Menschen wird.

Das in Betlehem geborene Kind ist das unübersehbare Zeichen für alle Menschen, die das Heil von Gott erwarten. Es bleibt für immer das Zeichen der Barmherzigkeit Gottes und seiner Gegenwart in der Welt. In der Geschichte des Volkes Juda, für das David steht, wechselten Momente des Lichtes und des Dunkels, Treue und Untreue, Gehorsam und Auflehnung einander ab – Momente des umherirrenden Volkes. Auch in unserer persönlichen Geschichte wechseln helle und dunkle Momente, Licht und Schatten einander ab.

Im Kind ist der barmherzige Gott in unsere Geschichte eingetreten und hat das Leben bis zu seinem Ende mit uns geteilt. Jesus Christus ist die Mitte der Geschichte der Menschen.

Dieses Weihnachtsbild ruft uns dazu auf, Gott zu verherrlichen, weil er treu ist und barmherzig und weil er in seiner Liebe zu uns Menschen bis zum Äußersten gegangen ist.

Maria Mutter Jesu,
du hast ihn aufgenommen.
Er ist in unsere Geschichte eingetreten, hat das Leben
mit uns geteilt.
Lehre uns aufnehmen.

Du hast ihn geliebt.
Wir sehen in dir und deinem Kind die Schönheit der
Gemeinschaft in der wahren Liebe.
Lehre uns lieben.

Du hast ihn angebetet.
In ihm ist die Barmherzigkeit und Zärtlichkeit
des Vaters erschienen.
Lehre uns anbeten.

Du hast den Weg mit ihm geteilt.
Es war der Weg der Hingabe bis ans Kreuz,
der schwere Weg der Liebe.
Lehre uns nachfolgen.

Du bist im Leiden bei ihm geblieben.
Am Kreuz hat er seine Hingabe vollendet.
Lehre uns sein Kreuz verstehen.

Lass uns mit dir aus der Tiefe unseres Herzens
das Lob für Gottes Treue singen.

JOHANNES KREIDLER

Der Morgenstern ist bereits erhellt

„Dadurch ist das Wort der Propheten für uns noch sicherer geworden, und ihr tut gut daran, es zu beachten; denn es ist ein Licht, das an einem finsteren Ort scheint, bis der Tag anbricht und der Morgenstern aufgeht in eurem Herzen“ 2 PETR 1,19.

An unserem Sternenhimmel ist die Venus der Morgenstern. Sie leuchtet noch am Himmel, wenn die anderen Sterne von der aufgehenden Sonne schon verblasst sind. In der Antike legte man dem Morgenstern sogar die Namen „Lichtträger“ – „Lichtbringer“ bei.

Ein wunderbares Bild für Jesus Christus. Er ist der Lichtträger – der Stern der Frühe. Er ist der glänzende Morgenstern, so sagt es Johannes in der Offenbarung (Offb 22,16). Wenn man ihn sieht, weiß man: Die Nacht ist so gut wie zu Ende. Der Morgen steht kurz bevor. Noch ist es Nacht, aber die ersten Strahlen sind schon am Horizont zu erkennen – der Aufgang der Sonne kündigt sich an. Bevor der Morgen anbricht, erahne ich schon etwas von dieser herrlichen Zeit, die kommen wird. Und das nicht am fernen Horizont, sondern mitten in meinem Leben.

Die Finsternis und die Dunkelheit weichen langsam, aber sicher mit jedem einzelnen Lichtstrahl. Sie weichen aus meinem Leben und aus dieser Welt. Er, der Morgenstern, Jesus Christus lässt mich die herrliche (helle) Zeit schon erahnen. Das Licht scheint bereits in die Finsternis und bricht ein in meine Dunkelheit. Es kündet jetzt schon von einer Welt, in der keine Nacht mehr sein wird. Zaghaft berühren die ersten Strahlen meine Sehnsucht nach einem erfüllten und glanzvollen Leben. Ich wache und halte Ausschau, bis der Tag anbricht.

Der Morgenstern wird über mir und den Menschen nicht verlöschen. Das tut er nie! Manchmal ist er vielleicht hinter einer Wolke nur für einen Augenblick sichtbar, aber er ist da. Der Morgenstern – ist scheinbar machtlos gegen die übermächtige Dunkelheit, doch kann eine Nacht ihn nicht auslöschen. Wenn er zu sehen ist, weiß ich, dass die Nacht am Schwinden ist.

Das ist Advent: Warten und hoffen auf das aufgehende Licht. Der Morgenstern ist bereits erhellt, er kündigt den Aufgang an und verweist auf das große Licht. Ein göttlicher Funke erscheint. Die ersten Lichtstrahlen leuchten am Horizont – bald, an Weihnachten erstrahlt es in vollem Glanz. Der Tag ist nicht mehr fern. Die Nacht wird ein Ende haben, Trauer wird verwandelt, Tränen werden getrocknet. Und das ist bei aller Lebensdunkelheit die Hoffnung von Advent und Weihnachten. Er, der Morgen, Jesus Christus, führt den Tag Gottes herauf, den Tag, der ohne Nacht sein wird. Und ich bin nicht nur Zuschauer, sondern mittendrin. Denn es ist gewiss, dass Gott mit ihm sein Licht, seine Freude und seine Liebe in diese Welt und auch in mein Leben bringen möchte. Ich muss sie nur noch öffnen, die Tür zu meinem Herzen.

Lichtvoller Gott,
ich warte ab, werde ruhig und atme tief ein und aus.
Mit jedem Atemzug gehe ich auf meinen Grund
und halte Ausschau nach deinem glanzvollen Licht.
Ich lasse los, gebe mich in deine Hände.
Ich erahne dein kraftvolles Licht und entdecke
deine wärmende Liebe.
Du bist da, machst meine Enge weit.
Verborgen in mir spüre ich deinen göttlichen Funken.
Du kommst mir nahe, erleuchtest Herz, Geist und Sinn.
Du bist da, machst meine Finsternis hell.
Ich stelle mich in die Mitte – lass dein Licht aufleuchten in mir.

Ich bin da – lass dein Licht scheinen in mir.
Ich bin offen – lass mich Licht sein für viele
Menschen.

Mit jedem Atemzug – Weihnachten in mir.

GABRIELE DENNER

Erleuchtet vom Stern

„Als Jesus zur Zeit des Königs Herodes in Betlehem in Judäa geboren worden war, kamen Sterndeuter aus dem Osten nach Jerusalem und fragten: Wo ist der neugeborene König der Juden? Wir haben seinen Stern aufgehen sehen und sind gekommen, um ihm zu huldigen“ MT 2,1–2.

Mit Erscheinungen am Himmel wussten sie umzugehen, die drei Weisen aus dem Osten. Ein Leben lang haben sie sich mit Sternen beschäftigt, Erfahrungen gesammelt, versucht zu ergründen, welche Botschaft diese Himmelskörper in sich trugen. Das waren ja nicht die üblichen Nachrichten von Menschen geschickt, sondern hatten ihren Ursprung bei dem, der Himmel und Erde gemacht hat. So hatten sie sich gemüht, zu sehen und zu hören, was Gott sagen wollte. Darüber sind die drei alt geworden. Aber jeder neue Stern fordert sie wieder von neuem heraus. Und der, den sie eben entdeckt haben, scheint außergewöhnlich zu sein. Was hat er zu bedeuten? Was steckt hinter dieser Erscheinung am Himmel? Wem gilt sie und auf wen weist sie hin? Die Drei setzen sich zusammen, gehen mit sich zu Rate. Genau beobachtet der eine, wendet sein Gesicht ganz diesem ungewöhnlichen Stern zu. Hell leuchtet er, zieht einen langen Schweif hinter sich her, ein Komet, seit alters Hinweis auf ein kommendes Ereignis, auf einen Krieg nach Meinung vieler, oder Ankündigung eines Menschen, den spätere Generationen vielleicht „den Großen“ nennen werden, einen, der über die ganze Welt herrschen wird.

In alten Schriften lesen die drei nach, machen sich auf Verheißungen aus früheren Zeiten aufmerksam. Werden sie sich jetzt erfüllen? Viele Reiche haben sie aufgehen und untergehen sehen. Selbst sitzen sie auf den Trümmern vergangener Macht. Nun gibt es neue Hoffnung, vom Himmel selbst angezeigt, also mehr als das, was sie so täglich erleben und erfahren. Nun kommt es darauf an, den richtigen Weg zu finden, den Weg zu dem, der ein neues, ewiges Reich aufrichten wird. Der Stern weist die Richtung. Sie forschen in den alten Schriftrollen, sie studieren die Landkarte, legen sich zurecht, wie die Reise verlaufen könnte. Es wird vermutlich ein langer Weg durch unbekanntes Land mit manchen unvorhersehbaren Gefahren. Nachdenklich betrachten die Drei, was sie auf der Karte sehen, hohe Berge, tiefe Täler, große Flüsse, Städte und Dörfer. Die Richtung können sie sich vorstellen. Sie zeigt der Stern. Aber den Ort wissen sie nicht, noch nicht. Sollen sie dem, was sie in alten Schriften lesen, folgen? Etwas zögernd geht der Blick nach oben. Trotzdem, sie sind sich sicher: „Wir haben seinen Stern gesehen!“ Sie werden sich auf den Weg machen. Um den Herrscher der Welt, den Retter der Menschheit, den Gott selbst senden will, zu finden, ist kein Weg zu weit. Dafür lohnt es sich aufzubrechen. Wohin sie der Stern führen wird, dort sind sie am Ziel.

Großer Gott,
du hast diese Welt geschaffen. Und du hast versprochen, sie nicht aus den Augen zu verlieren. Darauf möchten wir vertrauen, gerade dann, wenn wir nicht sicher sind, auf dem rechten Weg unterwegs zu sein.
Immer wieder holt uns der Zweifel daran ein, ob wir uns das Richtige vorgenommen haben. So vieles spricht dagegen. Vieles, was um uns geschieht, verstehen wir nicht. Menschen, mit denen wir unterwegs waren, haben auf einmal andere Wege eingeschlagen. Das macht uns unsicher. Wir möchten doch nicht in die Irre gehen.
Wir können uns gegenseitig an dein Versprechen erinnern und dabei hoffen, dass dein Heiliger Geist uns dabei leitet. Wir können uns an die Erfahrungen derer halten, die vor uns

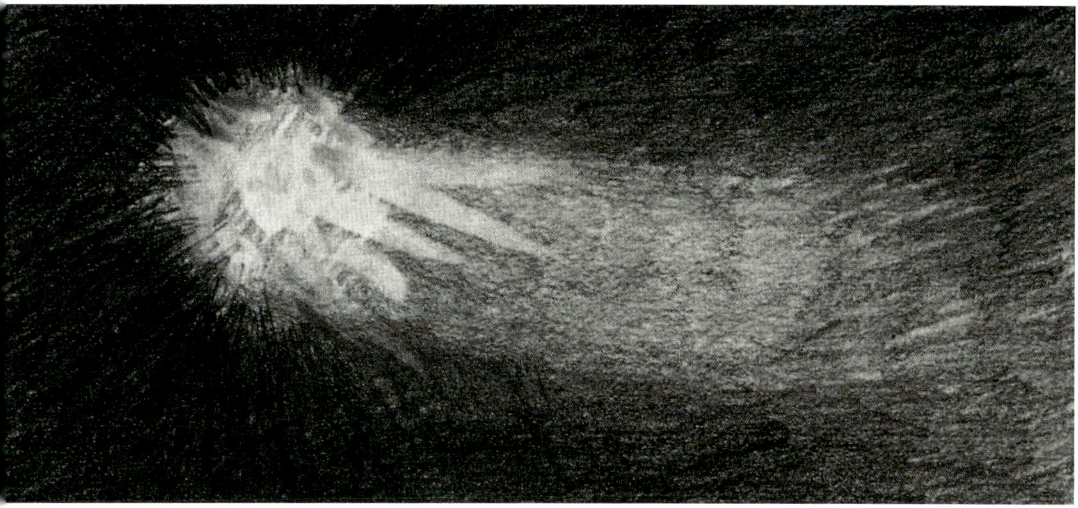

gewesen sind. Wir wollen sie nicht in den Wind schlagen, sondern ernst nehmen.
Denn deine Verheißungen gelten noch immer. Daran halten wir fest. Hilf uns, die Zeichen, die du uns auch heute gibst, nicht zu übersehen. Lass uns auf sie achten, auch dass wir andere auf sie aufmerksam machen.
Gib uns Mut und Zuversicht, helle Freude und ein festes Herz. So können wir vorangehen auf das große Ziel zu, ganz bei dir zu sein.

EBERHARDT RENZ

Sehnsucht nach Gott

„Siehe da, die Hütte Gottes bei den Menschen! Und er wird bei ihnen wohnen und sie werden sein Volk sein und er selbst, Gott mit ihnen, wird ihr Gott sein" OFFB 21,3F.

Man nennt sie Zionsstadt, Stadt der Wahrheit, Stadt des Friedens. Sie ist eine uralte Stadt, deren Namenspatron Schalim aus vorisraelischer Zeit die Gottheit der Abenddämmerung war. Und: Jerusalem liegt auf der Landbrücke zwischen Afrika, Asien und Europa – hier verlaufen seit Urzeiten die Flugrouten von Millionen Zugvögel in alle Welt.

Es ist der klassische Blick vom Ölberg auf den Tempelberg, den das Bild *Jerusalem* von Sieger Köder präsentiert – in Blickrichtung von Ost nach West. Im Vordergrund des Bilds liegen jüdische Gräber. Bei der Ankunft des Messias wird der Odem Gottes in die Toten fahren und sie werden wieder lebendig sein. Zwei Gräber auf dem Friedhof sind schon leer und die Inschriften der umgebenden Gräber lassen daran denken, dass jeder Name bei Gott aufgeschrieben ist.

Quer durchs Bild verläuft die Ostmauer, die seinerzeit die Stadtgrenze sicherte und den Einwohnern Schutz gegen Feinde bot. Unterhalb, steil abgefallen, liegt das wasserreiche Kidrontal, kostbares Wasser für Gartenanlagen und zum Überleben in Zeiten der Besatzung. Im Mittelpunkt der Silhouette Jerusalems leuchtet die goldene Kuppel des Felsendoms auf.

Alle drei monotheistischen Religionen sind hier lebendig. Für muslimisch Gläubige fand hier auf den zwei ehemaligen Tempeln der Juden und einem heiligen, christlichen Felsen die Himmelfahrt ihres Propheten statt. Der Tempel war und ist für jüdisch Gläubige die Wohnstätte Gottes und die Verbindung zwischen Himmel und Erde.

Christen suchen hingegen in der mit einem goldenen Schein umgebenen Grabeskirche die Nähe Gottes. Unter ihrer großen, dunklen Kuppel soll sich die ehemalige Grabstätte Jesu befinden. Die kleinere Kuppel überdeckt Felsenreste des Golgotahügels, an dem Jesus gekreuzigt wurde. Seine Felsbrocken waren von so schlechter Qualität, dass sie nicht einmal zum Hausbau abgeräumt wurden. Ein gefährdeter, abwegiger Platz, nur gut genug für die scheußlichsten menschlichen Taten.

An diesem Ort der Trostlosigkeit nimmt Gott seine Wohnung bei den Menschen und kommt ihnen ganz nahe. Ohne Kreuz gibt es für Christen keine Auferstehung und so schließt sich der Kreis der Bildbetrachtung. Schon jetzt, mitten im Leben, stehen Menschen aus ihren Gräbern auf.

Der rote Abendhimmel über Jerusalem ist eine flammende Liebeserklärung Gottes an die Menschen – in der Farbe des Feuers, das einst auch im Dornbusch des Mose entbrannte, als Gott sich offenbarte. *Ich-bin-der-ich bin*, spricht Gott. *Ich bin für euch da. Bei euch will ich wohnen.*

Jerusalem, du große Erzählung Gottes
mit uns Menschen.
Hier hast du, Gott, seit Anbeginn der Schöpfung
Wohnung genommen.
In unserer gottverlassenen Welt
willst du Hütte bei uns Menschen sein.
Hier spüren wir deinen Schöpferatem
und deine Menschwerdung in Jesus Christus.

Wie gequält musst du sein, Gott des Friedens.
Gläubige und Ungläubige zerteilen deine Hütte.
Sie bauen Mauern und treten die Menschlichkeit mit Füßen.
Schon Jesus weinte über Jerusalem,
über Menschenmachenschaften und Bosheit.

Liebe Leserin, lieber Leser,

gerne informieren wir Sie künftig über unsere Neuerscheinungen. Teilen Sie uns mit, für welche Themen Sie sich interessieren und schicken einfach diese Karte zurück.
Wenn Sie außerdem unsere Fragen auf der Rückseite beantworten, helfen Sie uns, zukünftig genau die Bücher zu machen, die SIE interessieren!

Gerne revanchieren wir uns für Ihre Mühe:
Unter allen Einsendern verlosen wir monatlich Bücher aus unseren Programmen im Wert von € 50,-

....

VORNAME / NAME

....

STRASSE / HAUSNUMMER

....

PLZ / ORT

....

E-MAIL

Bei Angabe Ihrer Mail-Adresse erhalten Sie rund 6 Mal jährlich unseren Newsletter, der Sie über die uns genannten Themenbereiche informiert.

Ihre Meinung ist uns wichtig!

Diese Karte lag in dem Buch:

....

Ihre Meinung zu diesem Buch:

....

....

....

....

Wie sind Sie auf dieses Buch gestoßen?

- ○ Buchbesprechung in:
- ○ Anzeige in:
- ○ Verlagsprospekt
- ○ Entdeckung in der Buchhandlung
- ○ Internet
- ○ Empfehlung
- ○ Geschenk

Für welche Themen interessieren Sie sich?

- ○ Religion
- ○ Spiritualität & Lebenskunst
- ○ Kinder & Familie
- ○ Kirche & Gemeinde
- ○ Theologie & Religionswissenschaft

- ○ Garten / Kochen / Wohnen
- ○ Kalender & Geschenke
- ○ Psychologie & Lebenshilfe
- ○ Geschichte/Geschichtswissenschaft

Fordern Sie unsere aktuellen Themenprospekte an:

bestellungen@verlagsgruppe-patmos.de
Fax +49.711.4406-177
Tel. +49.711.4406-194

Einen Überblick unseres **Gesamtprogramms** finden Sie unter
www.verlagsgruppe-patmos.de

PATMOS
ESCHBACH
GRÜNEWALD
THORBECKE
SCHWABEN

Die Verlagsgruppe
mit Sinn für das Leben

Wir glauben mit ihm an deine zukünftige Welt.
Wir hoffen, dass bald eintritt, was
die Engel auf den Feldern Betlehems verheißen haben:
Verherrlicht ist Gott in der Höhe und auf Erden ist Friede.

KATHRIN BUCHHORN-MAURER

Bildnachweis

Alle Bilder: © Sieger Köder

S. 10: Durch die Meseta
S. 14: Blinde sehen, Lahme gehen
S. 18: Schöpfung I, 2000
S. 22: Abraham

S. 26: Ich habe dich eingezeichnet in meine Hand.
Rosenberger Altar (Ausschnitt)
S. 30: Stumpf Isais
S. 34: Ein Stern geht auf in Jakob. Kinderdorf Ellwangen.
Ausschnitt aus dem Wandbild „Weihnachten in Greccio“
S. 38: Stammbaum Jesu
S. 42: Immanuel
S. 46: Maria. Kieler Altar (Ausschnitt)
S. 50: Maria durch ein Dornwald ging
S. 54: Heimsuchung
S. 58: Und das Wort ist Fleisch geworden
S. 62: Geburt Jesu. Rosenberger Altar (Ausschnitt)
S. 66: Bis der Morgenstern aufgeht
S. 70: Wir haben seinen Stern gesehen
S. 74: Jerusalem

Die Autorinnen und Autoren

Josef Birk, Pastoralreferent, Esslingen

Dr. Thomas Broch, Bischöflicher Beauftragter für Flüchtlingsfragen der Diözese Rottenburg-Stuttgart

Birgit Bronner, Pastoralreferentin, Stuttgart

Kathrin Buchhorn-Maurer, Pfarrerin und Religionslehrerin an einer Beruflichen Schule in Bietigheim

Gabriele Denner, Referentin in der Hauptabteilung Pastorale Konzeption, Bischöfliches Ordinariat Rottenburg

Dr. Anna Hennersperger, Direktorin des Bischöflichen Seelsorgeamts der Diözese Gurk

Dieter Kaufmann, Oberkirchenrat, Vorstandsvorsitzender des Diakonischen Werks Württemberg, Stuttgart

Dr. Johannes Kreidler, Weihbischof, Rottenburg

Sr. Paulin Link, Franziskanerin von Reute, Kloster Schöntal

Dr. Eberhardt Renz, Landesbischof i. R., Tübingen

Anton Seeberger, Pfarrer, Stuttgart

Dr. Dorothee Steiof, Referentin für Theologie und Ethik im Caritasverband der Diözese Rottenburg-Stuttgart

Wolfgang Tripp, bis 2015 Diözesancaritasdirektor des Caritasverbands der Diözese Rottenburg-Stuttgart, Stuttgart

Paul Weismantel, Domvikar, Spiritual, Würzburg

Der Maler

Sieger Köder war nach dem Studium an der Kunstakademie bis 1965 Kunsterzieher in Aalen. Nach dem Studium der Katholischen Theologie in Tübingen und München war er bis 1995 Pfarrer in Hohenberg und Rosenberg. Er hat viele Arbeiten im Kirchenraum geschaffen wie Fenster, Altäre, Kreuzwegstationen, Tabernakel sowie zahlreiche Ölbilder, Illustrationen und Zeichnungen. Durch DIE BIBEL ist seine religiöse Kunst vielen Menschen vertraut geworden. Er verstarb im Februar 2015, wenige Wochen nach seinem 90. Geburtstag.